BEI GRIN MACHT SICH IH
WISSEN BEZAHLT

- Wir veröffentlichen Ihre Hausarbeit,
  Bachelor- und Masterarbeit

- Ihr eigenes eBook und Buch -
  weltweit in allen wichtigen Shops

- Verdienen Sie an jedem Verkauf

Jetzt bei www.GRIN.com hochladen
und kostenlos publizieren

Simone Ziser

Von Virtual Communities zu Blogs und deren geschäftlicher Einsatz

GRIN Verlag

Bibliografische Information der Deutschen Nationalbibliothek:

Die Deutsche Bibliothek verzeichnet diese Publikation in der Deutschen National-
bibliografie; detaillierte bibliografische Daten sind im Internet über http://dnb.d-
nb.de/ abrufbar.

Impressum:

Copyright © 2007 GRIN Verlag GmbH
Druck und Bindung: Books on Demand GmbH, Norderstedt Germany
ISBN: 978-3-638-85088-9

Dieses Buch bei GRIN:

http://www.grin.com/de/e-book/81317/von-virtual-communities-zu-blogs-und-deren-
geschaeftlicher-einsatz

Fachhochschule Frankfurt

Hausarbeit – Wirtschaftsinformatik A

„Von Virtual Communities zu Blogs und deren geschäftlicher Einsatz"

geschrieben von

Simone Ziser

7. Semester Betriebswirtschaft

SS 2007

19. Juni 2007

Inhaltsangabe

1. Einleitung

Kein anderes Medium hat sich so schnell weiterentwickelt wie das Internet. Eine Studie[1] des ARD/ZDF (Mai 2007) hat ergeben, dass sich die Onlinenutzung zwischen 1997 und 2007 von 6,5 % auf 62,7 % erhöht hat. Vor diesem Hintergrund ist es unvorstellbar, dass Unternehmen diese Entwicklung nicht für sich nutzen bzw. sich dieser Entwicklung entziehen können oder dürfen.

Interessant hierbei ist, dass nicht nur der direkte Nutzen, beispielsweise, das Internet als Verkaufsplattform für Unternehmen, von Vorteil sein kann. Webanwendungen rund um Communities und Blogs sind gerade heute in aller Munde. Sie können durch die erhöhte Nutzung des Mediums Internet auch zur indirekten Umsatzgenerierung genutzt werden. Diese Arbeit möchte dem Leser vermitteln, wie sich der Begriff der „Virtuellen Communities" entwickelt hat. Virtual Communities und aktuelle Webanwendungen werden vorgestellt und auf deren geschäftlichen Einsatz untersucht. Zuletzt folgt eine Schlussbetrachtung der Autorin.

2. Entwicklungsgeschichte der Virtual Communities

Die Ursprünge des Internets liegen im Jahr 1969. Durch das Projekt „Arpanet" des US-Verteidigungsministeriums sollte ein Netzwerk zwischen Forschungseinheiten gebildet werden, mit dem Ziel, Rechenkapazitäten sinnvoll zu nutzen. Nach der Entwicklung des US National Backbone-Netzes 1975 wurde das Netz auch von Wissenschaftlern und akademischen Institutionen genutzt.[2] Bereits zu diesem Zeitpunkt entstand der Begriff „Virtuelle Community". Durch Mailinglisten und Newsgroups wurde ein Informations- und Gedankenaustausch, ohne kommerziellen Hintergrund, möglich. Mit dem Bulletin-Board-System, einer Forensoftware, entstand 1985 das Internetforum, als Grundlage für virtuelle Gemeinschaften wie sie heute auch existieren. Zur gleichen Zeit entstand der „Chat", eine Kommunikationsanwendung die Nachrichten in Echtzeit übermittelt.[3]

---

1 vgl. ARD/ZDF-Onlinestudie 2007, abgeruf. 17.06.07 unter http://www.daserste.de/service/onlinestudie-2007-vorab.pdf

2 vgl. Hummel, Johannes „Online-Gemeinschaften als Geschäftsmodell", Wiesbaden 2005; S. 13

3 vgl. Schobert, Schrott, Artikel „Virtual Communities"; Zeitschrift WI, Ausgabe 05/2001; S. 517 - 519

1989 wurde das Internet zum Massenmedium mit der Entwicklung des standardisierten Vermittlungsprotokolls „TCP/IP" und der darauf folgenden Entwicklung des World Wide Web (WWW) durch Tim Berners-Lee. Ziel war es, wissenschaftliche Texte weltweit zur Verfügung stellen zu können. Die erste Browsersoftware „Mosaic" wurde 1993 entwickelt, was dazu führte, dass auch eine zunehmende Anzahl von Privatanwendern und Unternehmen das Internet für sich entdeckten, und eigene Homepages, darunter auch Community-Plattformen, im Internet einrichteten. Bis heute hat sich das Internet stetig weiterentwickelt.[4] Ungefähr im Jahr 2000 verbreiteten sich, unter dem Begriff „Social Software", die ersten Webanwendungen, die man heute der Web 2.0- Bewegung zuordnet. Bekannte Beispiele hierfür sind vor allem Wikis und Weblogs. Das Medium Internet ist hier nicht mehr nur lesbar. Der Anwender wird zum Produzent und kann das Internet inhaltlich mitgestalten und bewerten.[5]

Eine Kombination der frühen Entwicklungen des Internets und den neuen, dynamischen Web-Anwendungen prägt das Bild der Virtuellen Communities von heute.

3. Virtual Communities und aktuelle Trends

Nachdem im vorherigen Kapitel die Entwicklungsgeschichte des Internets und somit auch der Virtual Communities kurz dargestellt wurde, werden in diesem Kapitel die Virtual Communities zunächst definiert, und im Weiteren aktuelle Trends im Netz vorgestellt.

3.1 Virtual Communities

Im weitesten Sinne ist eine Virtual Community (VC) eine Gemeinschaft von Menschen mit ähnlichen Interessen. Sie kommuniziert über das Medium „Internet". Eine VC kann unterschiedliche Ziele und Zwecke verfolgen. Dementsprechend sind die verschiedenen Arten von VCs zu unterscheiden. Dazu zählen unter anderem: Foren, Boards, Chats, Wikis und Social Networks [6]. Diese Communities sind oft nicht einzeln, sondern als

---

4 vgl. Hummel S. 14
5 vgl. Schiller Garcia, Jürgen „Enterprise 2.0", Saarbrücken 2007; S. 8
6 vgl. Leitner Helmut „ Online-Communities, Weblogs u. die soziale Rückeroberung des Netzes", Graz 2003; S. 24

sich ergänzende „Teilbereiche" zu beobachten. Dazu folgende Beispiele: Ein Forum bzw. ein Board ist oft Anlaufstelle für Fragenbeantwortung oder Diskussionen. Diese können durch einen angeschlossenen Chat unterstützt werden. Weblogs dagegen sind weniger Kommunikationsmittel zwischen zwei oder mehreren Personen, sondern mehr ein Veröffentlichungssystem für Nachrichten zu einem bestimmten Thema, mit der Möglichkeit des Kommentars. Community-Plattformen wie „MySpace"[7] oder „Studivz"[8] haben überwiegend eine Kontakt- und Selbstdarstellungsfunktion zum Ziel. Neben persönlichen Informationen des Mitglieds auf der Profilseite gibt es angeschlossene Weblogs, Kontaktfunktionen und eine Liste mit befreundeten Mitgliedern.

Alle VC haben auch Gemeinsamkeiten. Zum einen gibt es Rahmenbedingungen wie z.B. Anonymität, Technizität und Interaktivität [9]. Zum anderen gibt es grundlegenden Elemente: eine Vision, die „Netiquette", Mitgliederprofile, unterschiedliche Rollen z.B. Moderator, Neuling, Gast, sowie Kommunikationsmöglichkeiten, sei es das Schreiben von Artikeln, ein Chat oder ein E-Mail System.[10]

3.2 Wikis

„Ein Wiki ist eine webbasierte Software, die es allen Betrachtern einer Seite erlaubt, den Inhalt zu ändern, indem sie diese Seite online im Browser editieren. Damit ist das Wiki eine einfache und leicht zu bedienende Plattform für kooperatives Arbeiten an Texten und Hypertexten." Durch die Hypertexte sind einzelne Artikel und Seiten über Querverweise mit einander verbunden. Einsatz findet die Wikianwendung im WWW für potentiell alle Internetuser. Aber auch in geschlossenen Arbeitsgruppen z.B. im Intranet eines Unternehmens kann die Wikianwendung sinnvoll eingesetzt werden.[11] Grundprinzip von Wikis ist, dass nicht ein einzelner Schreiber den gesamten Inhalt für einen Artikel produziert, sondern viele erarbeiten nach dem Gemeinschafts-Prinzip den Inhalt des Artikels.

---

7 erreichbar unter www.myspace.com
8 erreichbar unter www.studivz.de
9 vgl. Hummel, S. 66-67
10 vgl. Keding, Tim „Virtuelle Communities", Saarbrücken 2007; S. 31-41
11 vgl. Ebersbach, Glaser, Heigl, „Wikitools" Heidelberg 2005, S. 10

Das größte und bekannteste Wiki ist derzeit mit Abstand Wikipedia[12], die Online-Enzyklopädie mit ca. 599.205 deutschen Artikeln (Stand 17. Juni 2007)

3.3 Weblogs

Ein Weblog, häufig abgekürzt als Blog, ist ein digitales Tagebuch. Es wird am Computer geschrieben und im WWW veröffentlicht. Es ist eine Webseite, die periodisch neue Einträge enthält. Typische Elemente eines Blogs sind: aussagekräftige Überschriften, Links zu anderen Blogseiten oder Einträgen, eine Kommentarfunktion, ein Archiv mit älteren Einträgen und eine Klassifizierung der Einträge mit Hilfe von Kategorien oder Tags (Schlagworte).[13] Der Unterschied zu herkömmlichen Homepages ist, dass nicht mehr einzelne HTML-Seiten bearbeitet, sondern durch die Blog-Software nur die zusätzlichen Informationen aktualisiert werden. Weblogs können z. B. mittels einer Weblog-Software in die eigene Homepage integriert oder über spezielle Bloggerdienste umgesetzt werden. Gängige Anbieter sind z.b. Livejournal, blogger.com, blogger.de usw. Grundsätzlich gibt es drei typische Blogarten:

- Der persönliche Blog: ein klassisches Onlinetagebuch mit Inhalten, die aus reinem Interesse des Autors am Thema bestehen.
- Communityblogs: Inhalte dieser Blogs sprechen immer bestimmte Zielgruppen mit gleichen Interessengebieten an.
- Professionelle Blogs: sie dienen dazu spezielles KnowHow zu einem Thema zu vermitteln, z.B. einem Produkt, einer Technologie oder einer Dienstleistung. Ebenso werden hier Themen aus politischen, sozialen oder kulturellen Gebieten aufgenommen.[14]

Aufgrund der schnellen und einfachen Veröffentlichungsmöglichkeit von Inhalten, werden Blogs auch zur Nachrichtenerstattung oder für Augenzeugenberichte genutzt.[15]

---

12 erreichbar unter www.wikipedia.de
13 vgl. Szugat, Gewehr, Lochmann, „Social Software", Frankfurt 2006, S. 24
14 vgl. Szugat, S.26
15 vgl. Möller, Erik „Die heimliche Medienrevolution", Hannover 2006, S. 131

4. Geschäftlicher Einsatz

Diese Kapitel befasst sich mit dem kommerziellen Einsatz von Virtual Communities und, aufgrund der hohen Aktualität, mit dem Einsatz von Weblogs und Wikis im Unternehmen.

4.1 Virtual Communities als Geschäftsmodell

Der geschäftliche Einsatz von VC umfasst eine Vielzahl von Möglichkeiten. Die Bandbreite reicht von Werbeeinnahmen in bestimmten, zielgruppengerechten Communities bis zu Bereitstellung von großen Internetportalen und virtuellen Spielegemeinschaften.

Grundsätzlich gibt es zwei Erlösmodelle, direkte und indirekte Erlöse. Direkte Erlösmodelle können nutzungsabhängig sein nach Leistungsdauer oder –menge, sie können aber auch nutzungsunabhängig sein, z.B. ein Abonnement. Indirekte Erlöse werden durch Werbung, Kommissionen oder demographische Datenauswertung erzielt[16].

Um eine kommerziell-erfolgreiche Community zu erschaffen, müssen zunächst die Grundbedürfnisse eines Menschen berücksichtigt werden: Interesse, Beziehung, Fantasie und Geschäfte. Diese Bedürfnisse spiegeln sich in den 4 Schritten der Mitgliederentwicklung einer VC wider: locke Mitglieder an, fördere die Beteiligung, baue Loyalität auf und fahre Profit ein.[17] Um dies zu verdeutlichen ein aktuelles Beispiel: „Secondlife".

Secondlife ist eine virtuelle 3D-Welt, die von ihren Bewohnern (Mitgliedern) erschaffen und stetig weiterentwickelt wird. Die Basismitgliedschaft ist kostenfrei.[18] Hiermit werden Mitglieder „angelockt". Die Beteiligung an der Gemeinschaft wird durch interessante Umgebungen, interaktive Tools und realitätsähnlichen Aktionen wie z.B. der Kauf von Waren und Dienstleistungen, gefördert. Mitglieder bauen sich über einen längeren Zeitraum ihr eigenes „Secondlife" auf, schließen Freundschaften zu anderen Mitgliedern und identifizieren sich mit der Plattform. Das fördert die Loyalität. Nun

---

16 vgl. Hummel, S. 35
17 vgl. Keding, S. 22-24
18 vgl. Secondlife, Artikel "Was ist Secondlife" abgerufen am 17.06.07 unter http://secondlife.com/world/de/whatis/

7

wird durch bspw. Abonnements „Profit eingefahren". Ein Beispiel hierfür sind die Kosten für Landbesitz. Möchte ein Mitglied Land kaufen, ist ein Premiumaccount notwendig. Zusätzlich werden einmalige Kosten aufgrund der Transaktion erhoben. Evtl. wird eine monatliche Landnutzungsgebühr erhoben.[19] Natürlich ist das nur eine der vielen Möglichkeiten, virtuelle Gemeinschaften als Geschäftsmodell umzusetzen.

4.2 Weblogs im Unternehmen

Der Einsatz von Weblogs im Unternehmen dient hauptsächlich der Kommunikation. Hierbei unterscheidet man die interne Kommunikation unter den Mitarbeitern und die Kommunikation mit der Unternehmensumwelt.[20]

Weblogs zur internen Kommunikation sind eine Mischung zwischen schwarzem Brett und Teammeetings. Durch die freiwillige und einfache Nutzungsmöglichkeit ist es jedem Mitarbeiter möglich sich dort einzubringen. Blogeinträge können von jedem Mitarbeiter erstellt und kommentiert werden. Durch Tagging (Verschlagwortung), Trackbacks (weiterführende Links) und Kategorien, lassen sich Blogbeiträge ohne größere Schwierigkeiten wieder finden. Vor allem in großen und internationalen Firmen mit vielen Standorten lässt sich der Blog als zeit- und ortsunabhängiges Medium zur Kommunikation hervorragend einsetzten. Hier können sich Mitarbeiter auch außerhalb ihres Arbeitsgebietes treffen, unterschiedliche Ansichten und Verbesserungsvorschläge präsentieren, und so die Kreativität zu Problemlösungsansätzen erhöhen. [21]

Öffentliche Unternehmenblogs, sog. Corporate Blogs, sind ein neuartiges Werkzeug um sich im Internet zu präsentieren. Hierbei geht es neben den Produkten und Dienstleistungen des Unternehmens auch um die Mitarbeiter. Den Kunden, Lieferanten und Partnern soll die Menschlichkeit des Unternehmens vermittelt werden.[22]

Ein Beispiel: der MagixBlog. Magix ist eine Firma die überwiegend Audiosoftware herstellt[23].

---

19 vgl. Secondlife, Artikel " Kosten für Land" abgerufen am 17.06.07 unter http://secondlife.com/world/de/vland/cost.php
20 vgl. Klein, Alexander „Weblogs im Unternehmenseinsatz" Saarbrücken 2006; S. 22
21 vgl. Schiller García S. 91
22 vgl. Wolff Peter „Die Macht der Blogs" Frechen 2006; S. 33
23 erreichbar unter www.magix.de

„Das MAGIX Blog ist ein Webtagebuch von Magix-Mitarbeitern. Lernen Sie die Menschen bei MAGIX mit Ihren Interessen, Leidenschaften und Eigenarten kennen. Natürlich freuen wir uns auch auf Ihren Beitrag zu den Themen im MAGIX Blog. Ob in Form von Kommentaren, E-Mail an den Autor oder Verlinkung Ihres eigenen Blogs via Trackback – reden Sie mit. Unsere Produkte sind ganz bewusst nur am Rande Thema dieses Blogs. Wenn Sie Informationen der Hilfestellung zu unserer Software oder Online Services suchen, finden Sie diese auf…"[24]

Abb.1: Screenshot Magix-Blog; Quelle Autor; abgerufen am 17.06.07 unter http://blog.magix.net/de/

Dieser Blog bietet Beiträge zu unterschiedlichen, zielgruppengerechten Themen, und die Möglichkeit, ein Kommentar zu einem bestimmten Beitrag zu schreiben. So versucht das Unternehmen die Kunden am Unternehmensgeschehen zu beteiligen. Den Kunden steht es frei, ihre Meinung, einschließlich Kritik, zu äußern. Davor haben zurzeit noch viele Unternehmen Angst. Die Kunden bringen ihre Kritik jedoch auch ohne unternehmenseigenen Blog zum Ausdruck, dadurch wird das Auffinden dieser Kritik und die Möglichkeit darauf zu reagieren erschwert. Aufgrund dessen ist die Bereitstellung einer Plattform oder auch Anlaufstelle für Kunden eine gute Idee. Der Kunde von heute/morgen fordert den Dialog, und die Mundpropaganda verlagert sich mehr und mehr ins Internet. Communities und Blogs beeinflussen in immer stärkerem

---

24 MAGIX AG http://blog.magix.net/de/?serendipity[staticpage]=19#magix%20bloggt abgerufen am 17.06.07

Maße den Meinungs- und Kaufentscheidungsprozess des Kunden. Die aktuellen Entwicklungen signalisieren, dass sich Unternehmen darauf einstellen sollten. [25]

4.3 Wikis im Unternehmen

Wikis werden in Unternehmen überwiegend als Werkzeug zum Wissensmanagement eingesetzt. Grundsätzlich gibt es drei unterschiedliche Einsatzgebiete[26]:

- zur Wissensdokumentation
- als Wörterbuch / Glossar /Abkürzungsverzeichnis
- für Kunde, Lieferanten, Partner

Beispielsweise können Wissensdatenbanken mit Hilfe von Wikis aufgebaut werden, die von allen Mitarbeitern problemlos zu bedienen und damit immer aktuell sind. Ein großer Vorteil der Wikis im Unternehmen ist, dass der Beitrag zur Datenbank auf freiwilliger Basis erfolgt. Mitarbeiter können entsprechend ihrer persönlichen Begabungen zur Wissensdatenbank beitragen. Die Persönlichkeiten der Mitarbeiter können sehr unterschiedlich sein. Beispielsweise ist nicht jeder Mitarbeiter in der Lage seine Meinung oder Beitrag in einer Teambesprechung von 15 Minuten konkret zu schildern. Aber mit genug Zeit und Ruhe ist er möglicherweise dazu bereit, einen kleinen Bericht über einen bestimmten Ablauf zu verfassen. Ein anderer versteht sich gut darauf, weitere Quelle wie z.B. Internetseiten oder Fachliteratur zu finden und ergänzt diese.

Wikis für Kunden oder Partner sind öffentlich zugänglich und Beiträge können von interessierten Nutzern hinzugefügt, verändert oder ergänzt werden. Es entsteht eine Art Supportplattform, die durch und für Kunden bzw. Partnern bereitgestellt wird[27]. Daraus resultierende Vorteile können die Entlastung des Techsupports und der Servicehotline sein.

---

25 vgl. Schwarz, Braun „Leitfaden integrierter Kommunikation" Waghäusel 2006, S. 182 und S. 203-205

26 vgl. Schiller García, S. 92-93

27 vgl. Ebersbach, S. 22-25

Hier ein Beispiel: Das Ableton – Wiki[28]. Ableton ist eine Audiosoftware.

Abb. 2: Screenshot Ableton Wiki; Quelle: Autor

abgerufen am 17.06.07 unter http://www.teragon.org/wiki/index.php?title=Main_Page

In diesem Wiki können Anwender der Software viele Informationen zur Benutzung des Programms finden. Zum einen werden generell die Funktionen und Features beschrieben. Es gibt FAQs (frequently asked questions), also immer wiederkehrende Fragen zu bestimmten Themen, z.b. Hardwarekonfiguration. Eine ToDo – Liste mit bestimmten Themengebiete die noch verfasst oder vervollständigt werden müssen, kann eingesehen und bearbeitet werden.

Die Beispiele aus der Musiksoftware wurden gezielt gewählt, da sowohl Hersteller als auch User stark daran interessiert sind, immer auf dem neusten Stand der Technik zu sein.

---

28 erreichbar unter http://www.teragon.org/wiki/index.php?title=Main_Page

5. Schlussbetrachtung

Ein Netz als Werkzeug für Kommunikation und digitalem Datenaustausch besteht schon seit ca. 40 Jahren, das Internet als Wirtschaftsraum, wie man es heute kennt, dagegen erst seit ca. 10 Jahren. Umso erstaunlicher ist es, wie schnell es sich in diesem recht kurzen Zeitraum zum Massenmedium entwickelte. Gründe dafür sind vor allem die technischen Entwicklungen, die zu einer höheren Datenübertragungsrate geführt haben. Gleichzeitig hat sich aber auch das Nutzungsverhalten der Internetuser verändert. Die Verfügbarkeit und Akzeptanz der Technik ist stark gestiegen, was eine steigende Anzahl von Nutzern zur Folge hatte. In Zukunft wird das Internet noch stärker in den Lebensalltag integriert sein, sowohl im privaten als auch im geschäftlichen Bereich.

Durch das Medium „Internet" können Unternehmen ganz unterschiedliche Vorteile erzielen. Einerseits können virtuelle Communities als Geschäftsmodell eingesetzt werden. Der Vorteil des Internets besteht hier vor allem in der hohen Zahl an erreichbaren (potentiellen) Kunden. Am Beispiel von www.youtube.com (Verkaufserlös ca. 1,3 Mrd. Dollar) lässt sich sehr gut demonstrieren, dass obwohl die Plattform für Nutzer kostenlos ist, Unternehmen bereit sind eine so hohe Summe für den Besitz daran zu bezahlen.

Andererseits besteht für Unternehmen die Möglichkeit die Eigenschaften des Internets, nämlich Orts- und Zeitunabhängigkeit, intern zu nutzen. Ein „Wiki" als Wissensmanagementsystem kann, richtig eingesetzt, zu einer höheren Wissensverarbeitung und damit auch –nutzung führen. Der Weblog als Kommunikationswerkzeug kann sowohl intern zu einer erhöhten Koordinationsfähigkeit von Projekten führen, als auch extern zu einem verbesserten Firmen- Image beitragen.

Diese und weitere Akspekte des stetigen Wachstums des Internets, lässt Unternehmen praktisch keine Wahl. Unternehmerisches Auftreten durch das Medium Internet oder geschäftliches Handel im Internet ist unumgänglich.

Literaturverzeichnis

Ebersbach, Anja Glaser, Markus Heigl, Richard	„WikiTools; Kooperation im Web" Springer-Verlag; Berlin / Heidelberg 2005
Eigner, Christian Leitner, Helmut Nausner, Peter Schneider, Ursula	„Online-Communities, Weblogs und die soziale Rückeroberung des Netzes" Verlag Nausner & Nausner; Graz 2003
Hummel, Johannes	„Online-Gemeinschaften als Geschäftsmodell" DUV / GWV-Fachverlage GmbH; Wiesbaden 2005
Institut für Medien- und Marketingforschung, Enigma-GfK	Seitentitel „Entwicklung der Onlinenutzung in Deutschland 1997 bis 2007"; Dokumentenname: „ARD/ZDF Online-Studie 2007"; abgerufen am 17.06.07 unter http://www.daserste.de/service/onlinestudie-2007-vorab.pdf
Jaron, Jürgen	Seitentitel : „FAQ, MAGIX bloggt: worüber, warum und worüber nicht?"; Herausgeber: Magix AG, Berlin abgerufen am 17.06.07 unter http://blog.magix.net/de/?serendipity[staticpage]=19#magix% 20bloggt
Keding, Tim	„Virtuelle Communities" VDM- Verlag Dr. Müller e.K.; Saarbrücken 2007
Klein, Alexander	„Weblogs im Unternehmenseinsatz; Grundlagen, Chancen und Risiken" VDM Verlag Dr. Müller e.K.; Saarbrücken 2006
Linden Lab Inc.	Seitentitel: „Was ist Secondlife" abgerufen am 17.06.07 unter http://secondlife.com/world/de/whatis/ und Seitentitel: „Kosten für Land" abgerufen am 17.06.07 unter http://secondlife.com/world/de/vland/cost.php

Möller, Erik   „Die heimliche Medienrevolution; Wie Weblogs, Wikis
                            und freie Software die Welt verändern"
                            2., erweiterte und aktualisierte Auflage;
                            Heise Zeitschriften und Verlag GmbH & CoKG;
                            Hannover 2006

Schiller García, Jürgen   „Enterprise 2.0; Web 2.0 im Unternehmen"
                            VDM Verlag Dr. Müller e.K.; Saarbrücken 2007

Schwarz, Torsten   „Leitfaden integrierter Kommunikation;
Braun, Gabriele   Wie Web 2.0 das Marketing revolutioniert"
                            Hrsg.: Thorsten Schwarz; Waghäusel 2006

Szugat, Martin   „Social Software, Blogs, Wikis & Co."
Gewehr, Jan Erik   Software & Support Verlag GmbH; Frankfurt 2006
Lochmann, Cordula

Wolff, Peter   „Die Macht der Blogs; Chancen und Risiken von Corporate
                            Blogs und Podcasting im Unternehmen"
                            1. Auflage 2006;
                            Datakontext-Fachverlags GmbH; Frechen 2006